김정은

두 번째 시집

외로움과
무지갯빛 꿈

그림과책

김정은 시인

숙명여자대학교 경영학부 졸업
숙명여자대학교 일반사회교육 졸업
성균관대학교 교육학과 박사과정 수료
월간 『시사문단』 시로 등단
한국시사문단작가협회 회원
한국예술인복지재단 예술인 작가
빈여백 동인
시집 『오월』(2024 그림과책)

그림 김정은

| 시인의 말 |

 어느 날 문득, 말로는 다 담을 수 없는 마음들이 내 안에서 조용히 자라기 시작했습니다.
 그것들은 처음엔 바람 같았고, 가끔은 빗방울처럼 스쳐 지나갔으며, 때론 내 안의 침묵을 오래 두드리며 한 줄 시가 되기를 기다렸습니다.

 이 시집은 그렇게 하루하루 마음의 표정을 따라 적어 내려간 작은 기록들입니다.
 사라지는 순간들 속에서 끝끝내 놓지 못한 감정, 이름 붙이지 못한 그리움과 쓸쓸함, 그리고 아주 작은 기쁨과 다정한 침묵들을 나는 이 언어의 틈새에 꾹꾹 눌러 담고 싶었습니다.

 시는 정답을 말해주는 것이 아니라, 어쩌면 우리 각자의 마음에 조용히 다가가 한순간 멈추게 하거나, 조금 울게 하거나, 문득 웃게 하는 것이라 믿습니다.

내 마음의 은율이 시로 흘러나올 수 있도록 따뜻한 울림과 방향을 제시해 주신 박동규 교수님께 깊은 감사를 드립니다.

 그리고 늘 곁에서 묵묵히 이 여정을 동행해 주시며, 저의 학문과 삶에 빛이 되어 주신 유재봉 지도교수님께 진심을 담아 존경과 감사의 마음을 전합니다.

 마지막으로, 이 책이 세상의 빛을 볼 수 있도록 애정 어린 손길을 더해 주신 대표님께 감사드리며, 언제나 곁에서 큰 힘이 되어 주신 어머니와 하늘에서 조용히 응원해 주시는 아버지께 이 책을 바치는 마음으로 감사드립니다.

 끝으로, 이 작은 시집이 독자 여러분의 마음에도 조용한 울림이 되어, 삶의 어느 길목에서 따뜻한 위안과 빛으로 기억되기를 소망합니다. 감사합니다.

2025년 여름

김정은

김정은 시인의 시집 출간에 부쳐

박동규(문학평론가 서울대 명예교수)

김정은 시인을 만난 지는 꽤나 오래되었다. 이번에 시집 발간을 하게 되어 축하의 글을 청탁해서 마음이 기뻤다. 시집을 펴낸다는 것이 극히 힘든 일임을 알고 있는 터라 그가 시집을 낼 만한 시편들을 추려낼 수 있었다는 사실만으로도 놀라운 일이다.

내가 본 그의 시는 솔직하고 정직한 마음의 세계를 드러나게 하는 예리하고 다양한 감수성으로 잡아올린 대상의 정서를 서정적 시어로 형상화하고 있다고 보여진다. 그는 항상 무엇인가를 가슴에 담고 있으면서 꿈꾸고 있는 듯한 모습일 때가 있다. 이런 그의 문학적 감수성이 살아 있는 다음의 시를 보자 그의 시 "첫눈을 풋사과라 말하고 싶어요'는 '첫과 풋'이라는 말의 함의含意를 확장하여 '첫'은 겨울을 알리는 첫 신호이면서 '첫'은 시작한다는 포괄적 의미를 가지고 있는 점과 '풋'은 처음 생겨난 푸른 풋사과처럼 서툴고 어설픈 첫걸음마 같은 의미를 가지고 있음을 상관하여 시인의 삶에 '처음을 시작한 순간'을 의미하는 것으로 설정하고 있다. 시인은 설레지만 서투르고 생그럽지만 맛이 들지 못하고 푸릇하지만 깊지 않은 그런 처음의 사연을 첫과 풋의 의미장으로 만들고 있다. 이 시에서 시인은 처음과 풋이라는 의미를 하나의 동질성으로 엮어낸 것은 설레지만 서투르고 생그럽지만 맛이 들지 못하고 푸릇하지만 깊지 않은 것을 '처음'으로 환치해서 첫눈과 풋사과의 처음이라는 공유세계를 그의 사랑 이야기로 승화시키고 있다. 이 시의 구조의 시간은 현재에서 과거로 회상을 하는 형식이지만 그의 마음에 옛날로 남아 있는 것과 풋은 살아있는 생물처럼 그의 가슴에 그대로 있는 것들이다. 예민하고 솔직한 시인의 감정표현으로 볼 때 어른이 된 지금 '첫 아장거리는 설레임'을 기억하며 겨울의 시작을 예감하고 있다. 여리고 여린 시인의 심정은 다음 시에서도 찾을 수 있다. "별빛의 위로"에서 어두운 밤 별이 창문 밖에서 빛을 던져 주면 혼자라는 생각에 잠겨있을 때 속삭이듯이 말을 건네온다고 한다. 이 말이 바로 시인의 외로움을 달래주는 힘이라고 설정한다. 그리고 이 외로움을 극복하고 희망으로 가는 길을 찾게 된다는 것이다. 이 시에서 주목할 점은 외로움이다. 시인이 느끼는 외로움을 희망으로 바뀌게 하는 별빛의 힘은 시인의 갈구이다. 시인이 이 갈구를 시로 빚어내고 있다.

김정은 시인은 사물이 보내는 신호를 감성의 더듬이로 잡아 그의 서정적 자아가 가지고 있는 여러 가지 반응으로 해독하여 그를 구원하는 생명의 노래로 창조하고 있다. 아무리 외롭고 서럽고 가시밭길이라도 그에게는 시적 대상에 보내는 아름답고 화려한 창조물의 신비한 힘을 그의 언어로 형상화하여 감동의 영역으로 이끌기를 바라고 있다. 따라서 그는 분명 서정시인이지만 그에게는 무궁한 시적 대상과의 교섭을 통해 마음에 든 생명의 환희와 슬픔을 시어로 형상하여 스스로의 길을 찾아가리라 기대한다. 시집 출간을 기뻐하며 이 시는 외로움조차도 구름에 실어 날려보내는 새 세상을 맞이하리라 기대한다.

박 OOO
2015. 8. 1

\ 차 례 \

4   시인의 말
6   김정은 시인의 시집 출간에 부쳐 / 박동규

1부

18   첫눈을 풋사과라 말하고 싶어요
20   새벽의 서곡
21   별빛의 위로
22   안전벨트
24   바람의 노래
25   오래된 의자
26   작은 발견
27   커피 한 잔
28   기억의 조각
29   빗방울의 속삭임
30   푸른 하늘
31   따뜻한 말
32   창밖 풍경
33   잊힌 멜로디
34   도시의 밤
35   그림자
36   빈 공간

37 파도 소리
38 꿈의 조각들
39 고양이의 낮잠
40 거울 속 나
41 손글씨

2부

44 계절의 변화
45 잠 못 이루는 밤
46 낡은 지도
47 따뜻한 이불
48 노을 진 하늘
49 작은 감사
50 어항 속 물고기
51 텅 빈 거리
52 무지개 다리
53 새벽이슬
54 오래된 골목길
55 춤추는 나비
56 햇살
57 작은 씨앗
58 오래된 시계
59 아침 햇살 속 먼지
60 텅 빈 놀이터
61 손 안의 돌멩이

62   겨울나무
63   창가 식물
64   새벽 공기
65   그림자 속 미소
66   오래된 찻잔
67   바람에 흔들리는 풀
68   잊힌 길
69   작은 새의 노래

3부

72 오래된 우물
73 낡은 신발
74 창문 닦기
75 흙냄새
76 오래된 골동품
77 어둠 속 한 줄기 빛
78 숲속의 바람
79 작은 연못
80 낙엽의 춤
81 오래된 담장
82 달빛 산책
83 작은 꽃잎
84 강물 소리
85 오래된 펜
86 구름의 여행
87 촛불
88 바다의 숨소리
89 작은 발자국

90 낡은 우체통
91 텅 빈 벤치
92 그림 같은 풍경
93 밤의 침묵
94 나만의 공간
95 창가의 빗방울
96 새벽녘 안개
97 오래된 나무의 뿌리

4부

100 어린아이의 웃음
101 고요한 호수
102 바람에 흩날리는 민들레 씨앗
103 잊힌 책갈피
104 새벽 시장의 활기
105 낡은 피아노의 선율
106 차가운 겨울 아침의 입김
107 작은 새의 둥지
108 어둠 속 등대
109 강가의 조약돌
110 숲길의 햇살 무늬
111 손때 묻은 컵
112 밤하늘의 유성
113 새벽이슬 머금은 거미줄
114 텅 빈 새장
115 오솔길의 발자국
116 구겨진 편지
117 창가에 놓인 화분

118 오래된 책장
119 새벽 기차의 불빛
120 오래된 시골집의 굴뚝 연기
121 작은 그림자의 춤
122 고요한 산사의 종소리
123 물 위에 뜬 나뭇잎
124 어린 시절의 그림일기
125 시간의 가지 끝에 꽃이 피다

1부

따뜻한 차 한잔을 두 손 가득 감싸 쥐고
잔잔히 김이 서린 창밖 풍경을 바라본다

서두르지 않아도 괜찮다는 듯
이 순간의 평온함은 마음속 깊이 평화
아름다운 새벽은 빛을 향한 찬란한 서곡

첫눈을 풋사과라 말하고 싶어요

오늘은
이제 나무의 옷들을 벗고 시작하는
겨울이 시작된 듯싶어요

하늘에서도 첫 겨울의 시작을 조용히 알리듯
푸르른 첫눈, 풋눈이 내리네요

아기의 뒤뚱거리는 아장 발걸음
첫걸음, 풋걸음

시작하는 분홍 붉그스레한
복숭아 같은 첫사랑, 풋사랑

처음을 시작하는 순간들은
청초하지만 푸른 풋사과 같지요

설레이지만 서투르고
생그럽지만 맛이 들지 못하고
푸릇하지만 깊지 않은
그런 처음이지요

하지만

처음은 마음의 추억 도장처럼
어느 날 크게 바람 불 듯 빠른 시간 속에
노빨간 은단풍을 보며 처음 맞았던
순간들을 보지요

어느덧
모든 것들이 어려워지는 세상이라 말하며
어른이 되었지만,
첫눈의 풋사과를 맞으며
풋마음 추억 도장이 (나를)
또 한번 웃게 되었지요 (웃게 만들었지요)

오늘은
깊은 붉은 사과 한 입과 첫눈을 맞으니
떫디달콤한 첫 가을 사과의 추억이
첫 아장거린 설레임으로
겨울이 시작된 듯싶어요.

새벽의 서곡

창문 틈새로 스며드는 희미한 새벽빛
아직 깊은 잠에 빠진 세상의 모든 숨소리를
조용히 깨우기 시작한다

고요가 내려앉은 공간 속에서
하루가 시작되는 작은 떨림

따뜻한 차 한잔을 두 손 가득 감싸 쥐고
잔잔히 김이 서린 창밖 풍경을 바라본다

서두르지 않아도 괜찮다는 듯
이 순간의 평온함은 마음속 깊이 평화
아름다운 새벽은 빛을 향한 찬란한 서곡.

별빛의 위로

어둠이 세상에 깊게 내린 밤
외로운 하늘 한가운데 홀로 반짝이는 작은 별 하나
창문 너머로 조용히 빛을 던지운다

혼자라는 생각이 마음을 짓누를 때면
그 별은 속삭이듯 말을 건네운다

그 빛은 작지만 깊어
가장 깊은 어둠 속을 밝히는 강한 힘

밤하늘의 별은 영원히 빛나는 희망.

안전벨트

눈 폭탄이 쏟아지고
불안감이 엄습했습니다

창밖으로 보이는 눈 덮인 나무 하나가 바람에 휘청이고 있었고, 내 마음도 흔들리고 있었습니다

갈팡지팡하는 걸음을 똑바로
걸어가게 하소서

그래 가는 거야!
눈은 그칠 거고
눈 그친 밤하늘의 별 하나만 보고 와도 그걸로 충분한 거야 라는 마음

결국

지나가는 스쳐지나가는
모든 과정이
햇살이었고 마르지 않은 우물이었습니다

걱정으로 시작해
영원한 감탄으로 끝없는 여행
기도는
나의 마음의 안전벨트입니다.

바람의 노래

어디선가 불어오는 바람은
보이지 않는 투명한 손길로
나뭇가지의 잎사귀들을 흔들고
지나간 시간의 수많은 흔적들을
조용히 속삭인다

때로는 거친 숨결로
때로는 부드러운 손길로

잠시 바쁜 걸음을 멈추고 귀를 기울여
바람이 자유롭게 전하는 희망의 노래 속에서
새로운 용기를 얻는다

바람은 멈추지 않고 흘러가듯
삶의 자유와 변화를 가르쳐 주는
영원한 자연의 시인.

오래된 의자

햇살이 스며드는 오후의 공간,
묵묵히 자리를 지키고 있는 오래된 의자 하나

그 위에 앉으면
지나온 추억의 조각들이 바람처럼 스쳐가고
잊고 있던 이야기들이 말을 속삭입니다

편안함 속에서 모든 것을 내려놓고
고단했던 마음을 쉬게 하는 시간

오래된 의자는 삶의 깊이를 풀어
따뜻한 위로를 건네는 침묵의 동반자입니다.

작은 발견

늘 무심코 지나치던 길모퉁이에서
문득 눈길을 사로잡는 작은 꽃 한 송이

그 순간, 평범했던 일상은 특별한 의미를 지니고
세상이 달라 보이는 마법 같은 순간이 찾아옵니다

작은 발견은 삶을 풍요롭게 만드는 기적
사소한 것에서 찾아낸 뜻밖의 기쁨입니다

바쁜 걸음을 잠시 멈추고
주변을 천천히 둘러볼 여유를 가질 때
삶의 보석을 발견합니다.

커피 한 잔

향긋한 커피 내음이
잔잔하게 공간에 퍼져나가
나른한 오후의 공기를 채운다

따뜻한 온기가 손끝에서 시작해
마음속으로 스며들며
복잡했던 생각들을 잠시 멈추게 한다

한 모금, 한 모금 천천히 음미할 때마다
오늘을 살아갈 힘이 조금씩 차오르고
마음속에 평화가 찾아든다

커피 한 잔의 여유는
일상 속에서 찾는 소박한 기쁨이자
영혼을 달래는 따뜻한 위로다.

기억의 조각

문득 스쳐지나가는 바람결에
잊고 있던 기억의 조각들이
조용히 마음을 두드린다

빛바랜 사진 속 웃음소리
오래된 편지의 구겨진 종이
그 모든 것들이 한순간에
가슴 깊이 되살아난다

추억은 때론 눈물로
때론 미소로 찾아와
오늘의 나를 더 단단하게 만든다

기억의 조각들은
시간의 파편이 아닌
내 삶의 빛나는 보석이다.

빗방울의 속삭임

창문을 두드리는 가느다란 빗방울
그 소리는 세상의 소음을 잠재우고
고요한 음악이 되어 마음에 스며든다

촉촉하게 젖은 공기 속에서
나뭇잎은 더욱 초록빛으로 빛나며
하늘은 회색빛이지만
마음은 오히려 맑아진다

빗방울은 속삭인다
모든 것은 씻겨 내려가고
새롭게 시작될 수 있다고

비는 치유의 선율이다.

푸른 하늘

끝없이 펼쳐진 푸른 하늘 아래
구름은 자유롭게 흘러가고
작은 새는 힘차게 날아오른다

푸른 하늘은 무한한 가능성의 상징이며
삶의 여정을 응원해주는
조용한 힘이다

하늘을 올려다보면
답답했던 마음은 열리고
숨 쉬는 공기마저 달콤해진다

푸른 하늘은 꿈을 향해 나아가는
우리 모두의 등 뒤에서
빛이 되어준다.

따뜻한 말

지치고 힘든 날
누군가의 따뜻한 한마디는
마음에 작은 불을 지핀다

"괜찮아"라는 말이
"힘내"라는 말이
얼어붙은 마음을 녹인다
말은 작지만
가장 큰 위로가 되어
세상을 밝히는 작은 등불이 된다

따뜻한 말은
삶을 아름답게 만드는
마법 같은 힘이다.

창밖 풍경

매일 아침 눈을 뜨면
마주하는 창밖 풍경은
언제나 조금씩 다르다

햇살이 부드럽게 비추는 날
비가 내리는 흐린 날
눈이 소복이 쌓인 날

풍경은 계절마다 색을 달리하며
삶의 변화를 보여주고
그 속에서 나의 하루도
작은 변주곡처럼 흐른다

창밖 풍경은
삶의 거울이자
조용한 교향곡이다.

잊힌 멜로디

오래전 흘러나오던
익숙한 멜로디 한 조각이
바람을 타고 스며든다

언젠가 들었던 그 노래가
순간 마음을 간질이며
추억의 문을 두드린다

그때의 웃음
그때의 설렘
그 모든 감정이
한 번에 되살아난다

잊힌 멜로디는
내 마음의 깊은 곳에서
다시 노래를 시작한다.

도시의 밤

도시의 밤은
수많은 불빛으로 물든다

창문마다 켜진 작은 등불은
각자의 이야기를 숨기고 있고,
가로등 아래 스친 그림자들은
저마다의 사연을 간직한다

밤하늘의 별빛과 도시의 불빛이
서로를 닮아 반짝일 때
우리는 서로 다른 길을 걸으며
같은 하늘을 바라본다

도시의 밤은
사람들의 숨결로 빛나는
또 하나의 은하수다.

그림자

햇빛이 비치면
땅 위에 조용히 드리워지는 그림자

그림자는 빛이 있어야만 생기지만
때로는 우리 자신보다 더 진솔하게
우리의 모습을 담고 있다

그림자는 말없이 따라오며
빛과 어둠이 공존하는
삶의 이치를 가르친다

그림자는 어둠 속에서도
빛을 향해 나아가는
우리의 또 다른 모습이다.

빈 공간

텅 빈 공간은
무언가를 담을 수 있는
가능성의 자리다

아직 쓰이지 않은 하얀 종이
아무것도 놓여 있지 않은 방
비어 있는 노트 한 페이지

그곳에는
새로운 이야기가 시작될 준비가 되어 있고
기다림 속에 설렘이 숨어 있다

빈 공간은
창조의 무대이며
시작의 징검다리다.

파도 소리

해변에 서면 들려오는
끊임없는 파도 소리

밀려왔다 물러가는 파도는
지치지 않고 반복되며
마음을 차분하게 적신다

파도 소리 속에는
위로와 치유가 담겨 있고
삶의 순환과 변화를
조용히 알려준다

파도는 알려준다
모든 것은 흐르고
다시 시작된다는 것을.

꿈의 조각들

밤이 되면 찾아오는
작고 선명한 꿈의 조각들

현실과 다른 색으로 물든 그곳에서
우리는 새로운 나를 만난다

꿈은 때로 현실보다 진하고
가끔은 잊고 있던 소망을 일깨운다

그 조각들이 모여
우리의 미래를 향한 작은 빛이 된다

꿈의 조각들은
내면의 또 다른 나와의 대화다.

고양이의 낮잠

따스한 햇살이 스며드는 오후
창가에 앉은 고양이는
느리게 눈을 감는다

그 숨결은 고요하고
몸짓은 유연하며
시간마저 멈춘 듯하다

고양이의 낮잠은
무심한 듯 보이지만
가장 충만한 휴식이다

고양이는 말없이 알려준다
가끔은 쉬어가는 것이
가장 큰 용기라는 것을.

거울 속 나

거울 속의 나는
익숙하지만 때로는 낯설다

하루하루 조금씩 변해가는 얼굴
표정 속에 스며든 시간의 흔적

거울을 통해 나는
내 안의 감정과 마주하고
과거와 현재의 나를 연결한다

거울 속의 나는
나를 바라보는 또 다른 나이자
미래의 나와 닿아 있는 창이다.

손글씨

삐뚤빼뚤한 손글씨 한 자, 한 자
그 속에는 마음이 묻어 있다

빠르게 흘러가는 디지털의 속도 속에서도
펜 끝에서 느껴지는 사각거림은
생각이 살아 움직이는 소리다

손글씨는 단순한 기록이 아닌
진심을 전하는 길이며
시간이 지나도 잊히지 않는 흔적이다

글씨의 모양보다 중요한 것은
그 속에 담긴 마음의 온도다.

2부

노을을 바라보며
오늘의 수고를 내려놓고
내일의 희망을 다시 품는다

노을은 하루의 작별이자
새로운 시작을 위한 인사다

계절의 변화

봄의 꽃잎, 여름의 푸름
가을의 단풍, 겨울의 흰 눈

계절은 쉼 없이 변하면서도
자연스럽게 이어진다

추운 겨울이 있어야
새봄의 새싹이 돋아나듯
삶의 시련 속에서도
희망은 자란다

계절의 변화는
모든 것이 흘러가고
다시 시작된다는 것을 알려준다.

잠 못 이루는 밤

모두가 잠든 밤
깊은 어둠 속에서
나만 깨어 있는 듯한 시간

창문 너머 별빛만이
조용히 숨 쉬고
머릿속에는 수많은 생각들이
끝없이 흘러간다

잠 못 이루는 밤은
때로는 나를 괴롭히지만
가장 솔직하게 나와 마주하는 시간이다.

낡은 지도

구겨지고 색이 바랜 지도 위에
굵은 선으로 표시된 길들

그 길은 이미 지나온 길이기도 하고
아직 가보지 못한 길이기도 하다

낡은 지도는
여행의 추억을 담고 있고
새로운 모험의 설렘을 간직하고 있다

길은 낡아도
그 위의 꿈은 언제나 새롭다.

따뜻한 이불

차가운 공기 속에서
따뜻한 이불 속으로 파고들면
작은 평화가 찾아온다

바깥 세상의 소란은
잠시 멀어지고
몸과 마음은
포근한 안식 속으로 스며든다

따뜻한 이불은
하루의 피로를 녹여내고
내일을 위한 힘을 다시 채워준다.

노을 진 하늘

하늘이 붉게 물드는 순간
태양은 하루의 끝을 알린다

노을은 짧지만
그 시간만큼은 세상이 멈춘 듯
아름답게 불타오른다

노을을 바라보며
오늘의 수고를 내려놓고
내일의 희망을 다시 품는다

노을은 하루의 작별이자
새로운 시작을 위한 인사다.

작은 감사

아침에 눈을 뜨고
맑은 공기를 마시고
따뜻한 햇빛을 느끼는 것

이 작은 일상 속에서도
감사를 찾을 수 있다면
삶은 조금 더 빛난다

작은 감사는
행복으로 가는 가장 빠른 길이며
마음을 평화롭게 만드는 힘이다.

어항 속 물고기

작은 유리 어항 속에서
물고기들이 유유히 헤엄친다

제한된 공간 속에서도
그들은 자유롭게
자신만의 세상을 살아간다

물고기의 작은 움직임 속에는
삶의 유연함과
소박한 행복이 숨어 있다

작은 어항 속에서도
무한한 꿈을 꿀 수 있다.

텅 빈 거리

새벽의 거리는
사람들의 발길이 사라진 채
조용히 숨을 고른다

낮의 소음과 분주함은 사라지고
바람과 가로등만이
거리를 지킨다

텅 빈 거리는
내면의 소리에 귀 기울일 수 있는
고요한 사색의 공간이다.

무지개 다리

소나기가 지나간 뒤
하늘에 걸린 일곱 빛깔 무지개

무지개는 짧은 순간 나타났다 사라지지만
그 순간만큼은
모든 시련이 끝나고
희망이 시작되는 듯하다

무지개 다리는
시련 뒤에 찾아오는
가장 아름다운 약속이다.

새벽이슬

풀잎 끝에 맺힌 작은 이슬방울은
밤의 차가운 공기를 머금고 있다

아침 햇살에 반짝이며
순간의 아름다움을 보여주고
사라진다

이슬은 짧지만
그 속에 담긴 투명함과 순수함은
영원히 기억된다.

오래된 골목길

벽돌이 헐거워진 오래된 골목길
좁은 길 위에 작은 꽃들이 피어 있다

자동차의 경적도
사람들의 소란도 닿지 않는 곳

걸음을 멈추고 숨을 고르면
그곳에는 잊고 있던 평화가 있다

골목길은 오래될수록
더 따뜻한 향기를 품는다.

춤추는 나비

화사한 꽃 위를 날아다니는
작은 나비 한 마리

그 날갯짓은 가볍고
그 움직임은 자유롭다

한 곳에 머무르지 않고
계속해서 새로운 꽃을 찾아가는
나비의 춤

나비는 알려준다
가벼운 마음으로
세상을 여행하라고.

햇살

창문 사이로 스며드는
따스한 햇살 한 줄기

어두웠던 방을 밝혀주고
차가웠던 마음을 데워준다

햇살은 소리 없이
세상을 밝히며
희망을 전한다

작은 햇살 한 조각이
하루를 바꿀 수 있다.

작은 씨앗

작고 보잘것없는 씨앗 하나가
땅 속에 묻혀
조용히 싹을 틔운다

보이지 않는 곳에서
인내하며 기다린 시간 끝에
푸른 잎을 내민다

작은 씨앗은 알려준다
작은 시작이
가장 위대한 변화를 만든다고.

오래된 시계

째깍, 째깍
멈추지 않고 흐르는 시간의 소리

오래된 시계는
묵묵히 시간을 기록하며
우리의 하루를 지켜본다

시간은 흘러가지만
그 속에서 우리는
소중한 순간들을 만들어 간다

시계의 소리는
삶의 리듬이다.

아침 햇살 속 먼지

아침 햇살에 비친 먼지들이
빛을 받아 반짝이며 떠다닌다

평소에는 보이지 않던 것들이
빛 속에서 생명을 얻는다

작고 사소한 것 속에서도
아름다움을 발견할 수 있는
순수한 시선

먼지의 춤은
아침의 작은 축제다.

텅 빈 놀이터

아이들의 웃음소리가 사라진
텅 빈 놀이터

그네가 바람에 살짝 흔들리고
모래 위에는 작은 발자국들이 남아 있다

놀이터는 비어 있어도
그곳에는 여전히
아이들의 꿈과 추억이 머물러 있다.

손 안의 돌멩이

산책길에서 주운
작고 평범한 돌멩이 하나

손 안에 쥐면 느껴지는
단단한 온기와 무게

돌멩이는 말없이 알려준다
작아도 흔들리지 않는
마음을 가지라고.

겨울나무

잎을 모두 떨어뜨린
앙상한 겨울나무

차가운 바람에도 꺾이지 않고
그 자리를 지키며
봄을 기다린다

겨울나무는 말없이 알려준다
모든 시련은 지나가고
다시 꽃 피울 날이 온다고.

창가 식물

창가에 놓인 작은 화분
햇빛을 향해 잎을 펼치며
조용히 자라나는 초록의 숨결

물과 빛만으로도
꾸준히 성장하는 식물의 모습은
작은 공간 속에서도 가능성을 피운다

서두르지 않고
묵묵히 자신만의 속도로
오늘도 생명을 이어간다

창가의 식물은
인내와 소박한 기쁨을 가르쳐 준다.

새벽 공기

이른 새벽
차가운 공기가 폐 속으로 스며들 때
마음은 맑아진다

아직 세상은 잠들어 있고
고요함만이 주변을 감싼다

그 고요 속에서
오늘의 다짐을 하고
작은 숨결 하나하나가
새로운 시작을 준비한다

새벽 공기는
우리에게 매일 찾아오는 작은 기적이다.

그림자 속 미소

어두운 그림자 속에서도
작은 미소 하나가 피어날 수 있다

그 미소는
어둠을 이겨낼 용기를 주고
절망 속에서도 희망의 불씨가 된다

빛과 어둠이 공존하는 그림자 속에서
우리는 더 강해지고
더 빛나게 된다

그림자 속의 미소는
삶의 또 다른 얼굴이다.

오래된 찻잔

손때 묻은 오래된 찻잔
그 안에는 따뜻한 차의 향과
수많은 대화의 흔적이 담겨 있다

찻잔을 손에 쥘 때마다
조용히 전해지는 온기
그 작은 온기는
마음을 풀어주고
숨 고르는 시간을 선물한다

오래된 찻잔은
소박한 위로이다

바람에 흔들리는 풀

바람이 불면
풀은 흔들리지만
꺾이지 않는다

흔들림 속에서도
자신의 뿌리를 놓지 않고
유연하게 바람에 몸을 맡긴다

풀은 알려준다
약해 보이지만
가장 강한 것이 무엇인지를.

잊힌 길

사람들의 발길이 닿지 않아
조용히 숨을 쉬는 잊힌 길

쓸쓸해 보이지만
그 길에는 새로운 풍경과
예상치 못한 기쁨이 숨어 있다

길을 잃을 때 비로소
발견할 수 있는 길도 있다

잊힌 길은
자유와 발견의 은유이다.

작은 새의 노래

이른 아침
작은 새가 지저귀는 소리는
하루의 시작을 알린다

맑고 경쾌한 그 소리는
마음속에 숨겨진 걱정을 잠시 잊게 하고
순수한 기쁨을 전해준다

작은 새의 노래는
자연이 들려주는
가장 아름다운 인사이다.

3부

잠시 후,

땅 위에 내려앉아

흙과 하나가 된다

꽃잎은 짧은 생애를 마치지만

그 순간마저도 아름답다

오래된 우물

마르지 않는 깊은 우물
오랜 시간 동안
수많은 사람들의 목을 축여온 곳

우물은 변함없이 그 자리를 지키며
묵묵히 자신의 역할을 다한다

그 깊이 속에는
자연의 지혜와 인내가 담겨 있다

오래된 우물은
삶의 여정 같다.

낡은 신발

여러 길을 함께 걸어온
낡고 헤진 신발 한 켤레

발자국마다 묻어 있는
여행의 추억과
삶의 흔적들

낡은 신발은
지나온 길의 증인이며
새로운 길을 향한 준비다.

창문 닦기

먼지로 흐릿해진 창문을
깨끗이 닦아내면
세상은 다시 선명해진다

창밖의 풍경이 또렷하게 보이고
빛이 방 안 가득 들어온다

창문을 닦는 일은
마음을 닦는 일과 같다

맑은 시선으로 세상을 바라보게 한다.

흙냄새

비 온 뒤의 흙냄새는
대지의 숨결과 같다

촉촉하게 젖은 흙에서 올라오는 향기는
마음을 차분하게 하고
자연의 품으로 돌아가게 한다

흙냄새는
삶의 근원과 연결되는
숨겨진 향기이다.

오래된 골동품

시간의 흔적이 묻은
오래된 골동품 하나

빛바랜 색과 낡은 질감 속에는
오랜 이야기와
역사의 숨결이 담겨 있다

골동품은 단순한 물건이 아니라
과거의 시간을 이어주는
살아 있는 유산이다.

어둠 속 한 줄기 빛

깊은 어둠 속에서
멀리 보이는 한 줄기 빛

작고 희미해도
그 빛은 길을 잃은 마음에
희망의 방향을 알려준다

빛은 어둠을 이기는
가장 강한 힘이다.

숲속의 바람

숲길을 거닐 때
나뭇잎 사이로 스며드는 바람은
부드럽게 피부를 스치며
영혼을 맑게 한다

숲속의 바람은
자연의 속삭임이며
마음을 치유하는 향기다.

작은 연못

고요하게 빛나는 작은 연못
하늘과 구름이 투명하게 비친다

작은 물결 하나에도
빛이 반짝이고
연못은 그 안에
세상을 담는다

연못은 내면을 비추는
거울과 같다.

낙엽의 춤

가을바람에 흩날리며
춤을 추듯 떨어지는 낙엽

마지막까지 아름다움을 간직한 채
땅 위에 내려앉는다

낙엽의 춤은
끝이 아니라
또 다른 시작을 의미한다.

오래된 담장

금이 가고, 벗겨진 페인트가
세월을 말해주는 오래된 담장

그 위를 타고 자라는 담쟁이덩굴
담장은 묵묵히 자리를 지키며
마을의 이야기를 담는다

오래된 담장은
변하지 않는 가치와 인내를 상징한다.

달빛 산책

밤하늘에 은은히 비치는 달빛 아래
혼자 걷는 산책길

조용한 바람
달빛에 물든 그림자
세상은 잠들고
오직 나와 달만 깨어 있다

달빛 산책은
내면의 평화를 찾는 시간이다.

작은 꽃잎

작고 여린 꽃잎 하나가
바람에 흩날린다

잠시 후,
땅 위에 내려앉아
흙과 하나가 된다

꽃잎은 짧은 생애를 마치지만
그 순간마저도 아름답다.

강물 소리

흘러가는 강물의 소리는
마음을 평온하게 한다

잔잔한 물결
바위에 부딪혀 만들어내는
작은 파동들

강물 소리는
흐르는 삶의 소리이자
자연의 노래다.

오래된 펜

손때 묻은 오래된 펜 한 자루
그 끝에서 흘러나온 수많은 이야기

사각거리는 소리와 함께
생각이 종이 위에 스며든다

펜은 단순한 도구가 아닌
마음을 담는 그릇이자
창조의 동반자다.

구름의 여행

하늘 위를 유유히 떠가는 구름
어디론가 향하지만
어디에도 얽매이지 않는다

구름은 흐르며 형태를 바꾸고
바람 따라 흘러가며
세상의 풍경을 바꾼다

구름의 여행은
자유와 변화를 상징한다.

촛불

작은 불꽃 하나가
어둠 속을 환하게 밝힌다

바람에 흔들리면서도
끝까지 타오르며
자신을 태워 빛을 전한다

촛불은 작은 희생으로
가장 따뜻한 빛을 준다.

바다의 숨소리

바닷가에 서면 들려오는
파도의 웅장한 숨소리

밀려오고, 물러가고
다시 밀려오는 그 소리 속에
영원의 리듬이 있다

바다의 숨소리는
마음을 정화시키는 노래다.

작은 발자국

눈 위에 남겨진 작은 발자국
하얀 세상에 찍힌 한 줄기 흔적

한 걸음 한 걸음
작지만 확실하게 남기는 길

작은 발자국은
시작의 용기와
성장의 증거다.

낡은 우체통

골목길 모퉁이에 묵묵히 서 있는
빨갛게 바랜 우체통

수많은 편지와 소식을 삼키며
시간을 견뎌낸 존재

낡은 우체통은
진심이 오가는 통로이자
연결의 상징이다.

텅 빈 벤치

공원 한구석에 놓인 텅 빈 벤치

수많은 대화와 침묵
만남과 이별을 품고 있는 공간

빈 벤치는 새로운 이야기를
기다리고 있다.

그림 같은 풍경

눈앞에 펼쳐진 한 폭의 풍경
하늘, 산, 바람, 나무

자연이 만들어낸
가장 완벽한 예술 작품

그림 같은 풍경은
순간의 감동으로
영혼을 깨운다.

밤의 침묵

모든 소리가 잠드는 밤
고요함이 세상을 덮는다

밤의 침묵 속에서만
들을 수 있는
내 마음의 소리

밤의 침묵은
사색과 치유의 시간이다.

나만의 공간

바쁜 일상에서 벗어나
혼자만의 공간에 머무르는 시간

작은 방, 작은 책상
그곳에서 숨을 고르고
생각을 정리한다

나만의 공간은
내 안의 우주를 만나는 장소다.

창가의 빗방울

창문에 맺힌 작은 빗방울
세상을 흐릿하게 만들지만
그 속에서 오히려
더 선명한 것을 본다

빗방울은
고요 속에 피어나는
맑은 시선이다.

새벽녘 안개

세상과 세상 사이를 흐르는
희미한 경계의 안개

모든 윤곽을 부드럽게 덮으며
현실과 꿈을 이어주는 다리

새벽녘 안개는
잠시 멈춰 서서 숨을 고르게 한다.

오래된 나무의 뿌리

땅속 깊이 자리한
나무의 단단한 뿌리

비바람에도 흔들리지 않는
그 깊은 자리에서
묵묵히 생명을 지킨다

오래된 뿌리는
인내와 생명의 상징이다.

4부

작은 새가 지켜온 공간

그곳에서 새로운 생명이 자란다

둥지는 보호와 안식의 공간이며

삶의 끊임없는 순환을 품고 있다

어린아이의 웃음

티 없이 맑은 웃음소리
순수함이 담긴 해맑은 눈빛

어린아이의 웃음은
세상의 모든 어둠을
순간 밝히는 빛이다.

고요한 호수

잔잔하게 고인 호수 위에
하늘과 구름이 비친다

바람 한 점 없는 그 고요 속에서
마음도 함께 잔잔해진다

호수는 내면을 비추는 거울이다.

바람에 흩날리는 민들레 씨앗

하늘하늘 흩날리는
하얀 민들레 씨앗

바람을 타고
미지의 땅으로 향하는 여정

작은 씨앗 속에는
무한한 가능성이 담겨 있다.

잊힌 책갈피

오래된 책 속에 숨어 있던
빛바랜 책갈피 하나

그 사이에 끼워진 시간은
멈춘 듯, 그러나 살아 있다

책갈피는
기억의 문을 여는 열쇠다.

새벽 시장의 활기

어둠이 채 가시기 전
시장은 작은 소리로 살아난다

싱싱한 채소, 과일
서로 건네는 인사와 웃음

새벽 시장은
소박하지만 강한
삶의 에너지다.

낡은 피아노의 선율

먼지가 쌓인 건반 위로
흐르는 느린 선율

낡은 피아노가 들려주는
오래된 기억과 이야기

소리 하나하나가
추억을 연주한다.

차가운 겨울 아침의 입김

찬 공기를 가르는
하얀 입김

순간 피어올랐다가
금세 사라지지만
그 짧은 숨결 속에
생명의 온기가 담겨 있다.

작은 새의 둥지

나뭇가지 사이에 숨겨진
작고 아늑한 둥지

작은 새가 지켜온 공간
그곳에서 새로운 생명이 자란다

둥지는 보호와 안식의 공간이며
삶의 끊임없는 순환을 품고 있다.

어둠 속 등대

캄캄한 어둠 속
홀로 빛을 비추는 등대

길을 잃은 배에게
희망의 신호가 되어 준다

등대의 불빛은
작지만 강한
방향의 상징이다.

강가의 조약돌

물살에 닳고 닳은
작고 매끄러운 조약돌

조용히 강가에 누워
시간을 품고 있다

조약돌은 말없이
인내와 견딤을 가르친다.

숲길의 햇살 무늬

울창한 숲길 위에
햇살이 비스듬히 스며든다

빛과 그림자가 만들어내는
아름다운 무늬

그 순간의 빛은
숲길을 하나의 예술로 만든다.

손때 묻은 컵

매일 아침 차를 담는
손때 묻은 작은 컵

그 안에는 수많은 이야기와
따뜻한 온기가 담겨 있다

익숙함이 주는 편안함은
삶의 소박한 기쁨이다.

밤하늘의 유성

순간 하늘을 가르는
빛나는 유성 하나

찰나의 순간이지만
그 안에 담긴 소원은
오랫동안 가슴에 남는다

유성은 짧게 빛나는
영원의 약속이다.

새벽이슬 머금은 거미줄

풀잎 사이에 걸린
투명한 거미줄

새벽이슬을 머금고
빛을 받아 반짝이는 모습은
섬세한 생명의 예술이다.

텅 빈 새장

문이 열린 채 비어 있는
작은 새장 하나

이제 더 이상 갇혀 있지 않은
자유의 공간

텅 빈 새장은
날아간 꿈의 여운을 남긴다.

오솔길의 발자국

낙엽 쌓인 오솔길 위에
희미하게 찍힌 발자국들

누군가의 지나간 길
이야기가 묻어 있는 흔적

발자국은
시간과 추억의 언어다.

구겨진 편지

서랍 속에 숨겨진
구겨지고 빛바랜 편지

손끝에 닿는 종이의 결
잉크가 스며든 마음

편지는 시간이 지나도
사라지지 않는 진심이다.

창가에 놓인 화분

작은 화분 속 초록 잎이
햇빛을 향해 고개를 든다

매일 조금씩 자라며
묵묵히 생명을 이어가는 모습

화분은 작은 공간에서도
희망을 키운다.

오래된 책장

먼지가 내려앉은 오래된 책장
그 안에는 수많은 이야기와 지혜가
조용히 숨 쉬고 있다

책장을 열면
종이의 냄새와 함께
과거의 목소리가 들려온다

한 장, 한 장 넘길 때마다
나의 시간도 천천히 흐르고
생각의 깊이가 더해진다

오래된 책장은
나의 영혼을 채우는
조용한 보물창고다.

새벽 기차의 불빛

어둠을 가르고 다가오는
새벽 기차의 희미한 불빛

잠든 도시를 지나
미지의 곳으로 향하는 여정

불빛은 새로운 시작의 신호다.

오래된 시골집의 굴뚝 연기

하얗게 피어오르는
굴뚝의 연기

따뜻한 온기와 함께
시골집의 추억이 스며나온다

연기는 가족의 향기이자
지나간 시간의 냄새다.

작은 그림자의 춤

햇빛 아래 길게 드리운
작은 그림자

바람에 흔들리며
춤을 추듯 움직인다

그림자는 빛이 있어야
존재할 수 있다.

고요한 산사의 종소리

산사의 고요를 깨우는
은은한 종소리

멀리 퍼져 나가는 울림은
마음을 맑게 비우다

종소리는 깨달음의 소리다.

물 위에 뜬 나뭇잎

호수 위에 조용히 떠 있는
작은 나뭇잎

바람에 이리저리 흔들리지만
결국 물결을 따라 흐른다

나뭇잎은 자연의 순리를 따른다.

어린 시절의 그림일기

삐뚤빼뚤한 그림과
짧은 글자가 담긴
어린 시절의 그림일기

그 속에는 순수함과
작은 꿈들이 살아 있다

일기는 잊지 말아야 할
순간의 기록이다.

시간의 가지 끝에 꽃이 피다

오늘도 먼 시간을 건너
조용히 내 안에 피어오른
작은 꽃 한 송이를 바라봅니다

그 꽃은 누구에게도 들키지 않으려
마음의 숲 가장 깊은 가지 끝에
말없이, 그러나 단단히 피어 있었습니다

돌이켜보면 나는
수많은 겨울을 지나
자주 울고, 자주 침묵하며
자라난 가지 하나였습니다

햇살보다 먼저 부서지는 슬픔에도
때로는 벼락처럼 내려앉는 외로움에도
나는 꺾이지 않으려
몸을 잔뜩 움츠리며
내 속에서 나를 다져야 했습니다

사람들은 보지 못했습니다

그 긴 시간의 숨소리와
내가 품고 있던
아직 꽃 피우지 못한 꿈들을

그러나 오늘
그 오래된 시간의 끝
아무도 없는 오후 창가에서
나는 문득 깨닫습니다

그 모든 기다림과 인내
상처와 추위
모두가 이 한 송이 꽃을 위한
시간이었다는 것을

어디에도 보이지 않지만
내 안엔 분명 피었습니다
조용히 바라볼 수 있는 눈
그저 살아 있음에 울컥하는 순간

그것이 바로

시간의 가지 끝에서
피어난 나만의 꽃입니다

이 꽃은 이름이 없습니다
다만, 오늘의 나로 살아가게 하는
어제의 시간들이 만든
조용하고 단단한 증거일 뿐입니다

내일도 나는 이 꽃을 품고
다시 하루를 건너갈 것입니다
눈물보다 따뜻한 마음으로
바람보다 깊은 고요로.

그림과색 시선 335

외로움과 무지갯빛 꿈

초판 1쇄 발행일 _ 2025년 9월 17일

지은이 _ 김정은
펴낸이 _ 손근호

펴낸곳 _ 도서출판 그림과책
출판등록 2003년 5월 12일 제300-2003-87호

03924 서울특별시 마포구 월드컵북로54길 17 821호
      (상암동, 사보이시티디엠씨)
        도서출판 그림과책
전화 (02)720-9875, 2987 _ 팩스 (02)720-4389
도서출판 그림과책 homepage _ www.sisamundan.co.kr
후원 _ 월간 시사문단(www.sisamundan.co.kr)
E-mail _ munhak@sisamundan.co.kr

ISBN 979-11-93560-42-6(03810)

값 15,000원

이 책의 판권은 지은이와 그림과책에 있습니다.
잘못된 책은 교환해 드립니다.